D0792212

Rick Warren

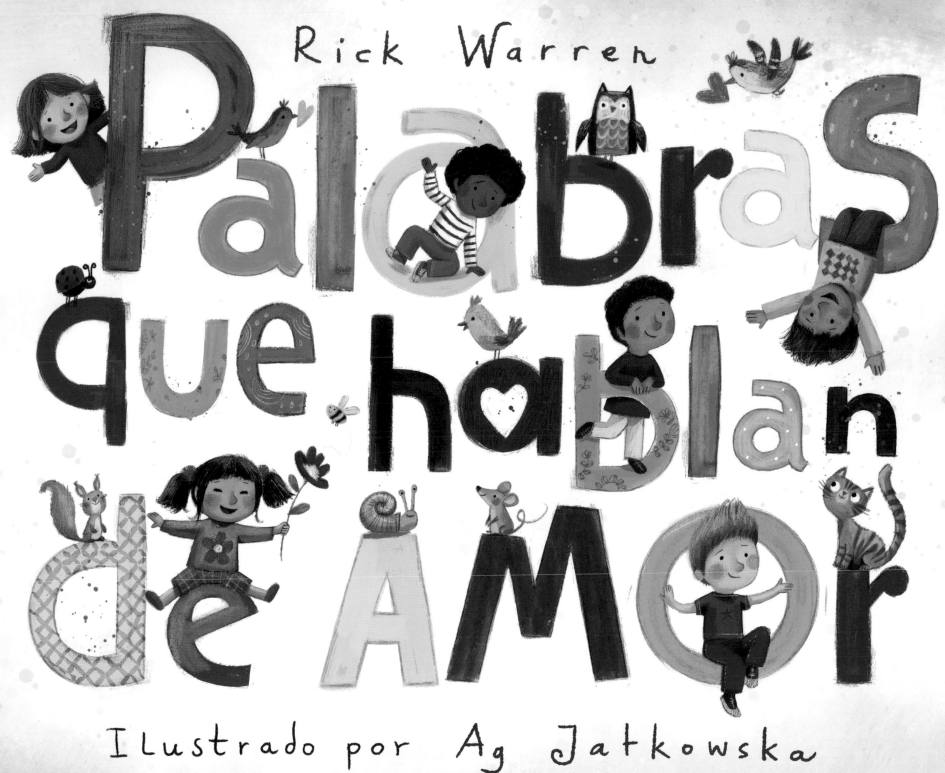

Palabras que hablan de Amor

Ilustrado por Ag Jatkowska

Para mi gente favorita en el mundo entero…
Kaylie, Cassidy, Caleb, Cole y Claire.

-RW

Para Eddie con todo mi amor.

-AJ

Sean, pues aceptables ante ti
mis palabras y mis pensamientos,
Oh Señor, roca mía y redentor mío. (Salmos 19:14)

PALABRAS QUE HABLAN DE AMOR
Edición en español publicada por
Editorial Vida – 2019
Nashville, Tennessee
© 2019 por Editorial Vida
Este título también está disponible en formato electrónico.
Originally published in the U.S.A. under the title:
Words to Love By
Copyright © 2018 by Rick Warren, Illustrations © 2018 by Ag Jatkowska
Published by permission of Zondervan, Grand Rapids, Michigan 49530
All rights reserved.
Further reproduction or distribution is prohibited.

Editora en Jefe: Graciela Lelli
Traducción: Nahum Saez

ISBN: 978-0-82976-976-0

CATEGORÍA: Juvenil No ficción /Religión / Cristianismo / Inspiracional

IMPRESO EN CHINA
PRINTED IN CHINA

19 20 21 22 23 LSC 9 8 7 6 5 4 3 2 1

¿Sabías

que tienes el poder para cambiar la vida de alguien con tus palabras?

Las palabras pueden ser pequeñas, pero pueden hacer

GRANDES COSAS

Brillante

Encantador

Alegre   Agr

eres Valioso   cree

Las palabras pueden dar **aliento**.

Creo en ti ...

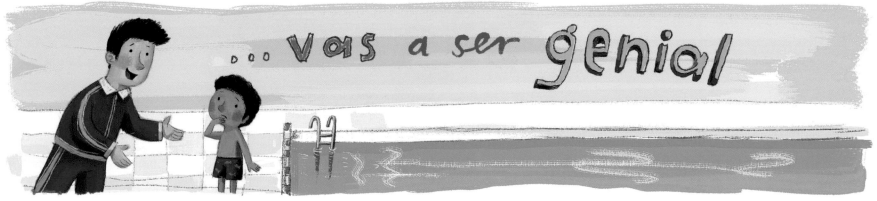

...vas a ser genial

...realmente, eres muy buena en eso

Pueden sacar lo mejor de la persona.

...¡Yo sabía que podías hacerlo!

...¡Bien hecho! ¡¡Lo lograste!!

...Es bellísimo

Y dejan saber a otros **que no están solos.**

¿Quieres jugar con nosotros?

Las palabras pueden mostrar **respeto**...

y que el mundo sepa lo **agradecidos** que estamos.

¡Gracias desde lo más profundo de

La mejor Madre del Mundo

Las palabras pueden **sanar**...

Lo Lamento

Te perdono...

y ayudan a establecer **amistades**.

A veces se dicen palabras con **ira**.

Y se dicen cosas desagradables que realmente no quieres decir.

¡Te odio!

Así que, **ten cuidado** con tus palabras. Una vez que las dices no puedes recogerlas.

Déjame en paz de una vez

Las palabras que dices muestran a los demás lo que hay en tu corazón.

Dios quiere que tengas un corazón lleno de **bondad y amor.**

Las palabras son **poderosas** y deben ser usadas **sabiamente**.
Pueden guiarte en la dirección que quieres ir.

IRA

error

espantoso

feo

gruñón

malo

mío

Si no te gusta hacia dónde te diriges, **intenta cambiar** tu forma de hablar.

me alegro por ti

to

Me importa   AMoR

Soy agradecido por favor

Algunas veces es mejor no decir nada.

A veces es mejor solo ESCUCHAR.

Pero ten siempre presente...

Las palabras que escojas hoy pueden **cambiar tu vida...**

Y también la de alguien más.

Pero ten siempre presente...
Las palabras que escojas hoy pueden **cambiar tu vida**...

Y también la de alguien más.